AF282903

Invasión de los muros

VERÓNICA DELGADILLO

INVASIÓN DE LOS MUROS

Prólogo
CARLOS AGANZO

Diputación de Salamanca
2025

Ediciones Diputación de Salamanca
Sere Lengua y Literatura, n.º 74

DIPUTACIÓN DE SALAMANCA
e-mail: ediciones@lasalina.es
http: //www.lasalina.es

Diseño y maquetación: Difusión y Publicaciones

I.S.B.N.: 978-84-7797-789-6
DL S 372-2025

Imprime: Nueva Graficesa. Salamanca

ACCÉSIT DEL XII PREMIO INTERNACIONAL DE POESÍA "PILAR FERNÁNDEZ LABRADOR"

Un jurado, integrado por Jesús Fonseca, Carmen Ruiz Barrionuevo, Pilar Fernández Labrador, Alfredo Pérez Alencart, José María Muñoz Quirós, David Mingo, Federico Díaz Granados, Harold Alva, Carlos Aganzo, Rosa Alice Branco, Juan Carlos Martín Cobano e Inmaculada Guadalupe Salas, en reunión telemática celebrada en Salamanca el 16 de julio de 2025, concedió el accésit de este premio a la poeta boliviana Verónica Delgadillo por su libro "Invasión de los muros", uno de los doce trabajos seleccionados como finalistas, de los 1.213 trabajos presentados desde todos los países iberoamericanos, España, Portugal y otros. El premio, de carácter anual, lo convoca la Asociación de Mujeres en Igualdad, con la colaboración de la Sociedad de Estudios Literarios y Humanísticos de Salamanca (Selih) y la Diputación Provincial de Salamanca. Victoria Pérez Castrillo actuó como secretaria del premio.

Prólogo

Mujer en fuga, mujer en vuelo

Toda mujer tiene un cuerpo, una voz y una cámara oculta. Eso dice Verónica Delgadillo entre las cuatro paredes de este libro. Un cuerpo en el que indagar sobre la raíz profunda de la memoria y de la sangre. Una voz con la que cantar frente a la soledad y al muro del silencio. Una cámara oculta donde descubrirse a uno mismo traicionando permanentemente a la realidad con el deseo. Y viceversa.

En éste su último libro, la autora de *Ausencia del árbol*, o *37 armónicos para una fuga*, adelgaza el verso, casi hasta romperlo, para hablar de la necesidad de encontrar la propia identidad en el magma de un universo compartido con los otros. Un universo que en ocasiones da la impresión de que pertenece únicamente a los otros. Un universo que se empecina una y otra vez en dejarnos fuera, como si sirviera a un *fatum* o a un propósito preciso frente al que se hace necesario rebelarse. Y un universo, al fin, en cuyo centro se sitúa el espacio sagrado —refugio y prisión al mismo tiempo— que es la casa. La casa que nos recuerda a ese palacio de cristal de las moradas de Teresa de Jesús: el cuerpo en el que habita el alma que somos cada uno de nosotros. La casa sosegada donde andar "a oscuras y segura", como diría Juan de la Cruz, para escuchar las voces del silencio al final del pasillo, para encontrar ese pensamiento o esa palabra que "hunde la ruta" de nuestra propia voz y la suplanta por la voz de los objetos: las paredes, la cama, la mesa, las sillas vacías… y las ventanas. Un ser vivo, la casa, donde el corazón de la mujer palpita misteriosamente al ritmo del latido del reloj.

También la casa como el solar sobre la que volver a fundar en el presente algo (solo lo mejor) de lo que fue la patria de nuestra infancia en el pasado. La infancia, en este caso, de una niña que cortaba retamas y escuchaba golpes tras la puerta. La herencia, la marca ("la mancha familiar", dice la poeta) que va desde el sombrero del abuelo, símbolo de su identidad, pero también de su propia soledad, hasta la herencia de la madre, la abuela o la bisabuela, "los mejores vientres / que el diablo / pudo encontrar": el legado de aquellos a los que nunca se les permitió soñar lo suficiente.

¿Quién soy?, se pregunta la poeta explícitamente. Y el poemario entero es una respuesta fragmentaria tal vez a esta sola pregunta, formulada desde el interior de la casa. ¿La que lava la ropa y pone la mesa en el interior o la que permanentemente busca la ventana para proyectarse hacia el exterior? ¿O las dos al mismo tiempo? En un caso, como en el otro, la expresión de una soledad de mujer de lengua amarrada con ganas de cantar, de decir, de proclamar la necesidad de refundarse. La casa, pues, como el espacio reservado donde la cámara oculta de la conciencia mira al propio cuerpo y casi se desdobla de él con desprendimiento místico. Porque en este libro, tan importante como la soledad es el sentimiento de otredad. "La otra: / la que sabe quién soy, / la que me desprecia", dice la poeta. Un desdoblamiento que confunde el mundo de la vigilia y el de los sueños, en ese extraño y paradójico lugar donde reside eso que llamamos libertad. El lugar en el que resplandecer sin que nadie lo impida. Con los sueños propios y también con los prestados. Con esos sueños de cine que dice David Lynch que a él no le convencen, aunque tal vez sí a los demás. El cine, aquí, como esa otra casa, esa otra vida, esa otra otredad que nos devuelve la imagen de lo que querríamos haber sido nosotros mismos, soñada por los otros.

Hay mucha emoción y sin duda algo de conmoción en los versos de *Invasión de los muros*. Mucha verdad de mujer en fuga o mujer que sueña con su deseo eterno de llegar a casa y atar el caballo a la sombra fresca de un árbol que no existe, porque nunca se plantó. Grito contenido o contención furiosa sobre las potencias del alma en vuelo. En libertad al otro lado de la ventana, desde dentro pero más allá de la casa, con sus paredes incapaces de contener tanta poesía.

Carlos Aganzo

I. Casa adentro

*No hay tierra como la que pisan
los que vuelven.*

RECORRER LA CASA

Quiero reconciliarme
con la niña que corta retamas,
pero alguien golpea y golpea
tras la puerta.
Pospongo la tarea,
siempre pospongo la tarea.
¿Desde qué borde puedo ocuparme de mí?
de las sombras,
de los velos,
poder contarme
el cuento de cada noche
y volver,
de puntillas, por la casa.
Volver,
recoger
las migas que dejé.

LA HABITACIÓN AJENA

No bastaría cruzar una puerta,
probar la diminuta llave
del cuarto sin hotel,
frío fragmento,
enterrado en la tierra.
No era nuestra casa.
Nunca lo fue.
Adentro,
sobre la cama,
un hombre duerme
y yo permanezco,
pegada a la ventana,
cuerpo suspendido en la noche.

MUJER INMÓVIL EN LA VENTANA

A veces basta un solo verso
para coser lo que
la noche desgarró.

LENGUA AMARRADA

"…no hice otra cosa. Lo siento.
mi oficio fue ser nadie
junto a
las palabras"

Pedro Shimose

Si alguien dice sombra,
no respondas.
Si alguien dice espanto,
no respondas.
Si alguien dice ajena,
no respondas.
Si alguien dice vuelve,
no respondas.
Porque ese territorio —
tu mandíbula sin culpa —
dice pan,
dice adiós,
dice paz.
Dice la verdad.
Aunque duela en la boca cerrada.

MANDATOS

¿Quién soy?
Mamá Letty me hace quien soy, pero
¿quién soy?
Soy la que lava la ropa,
la que la pone al borde de la cama
cuando nadie me ve.
Mis manos surgen de las paredes,
como prímulas
de un polo a otro.
No tengo manera de desprenderme de ellas.
Repito el conjuro de mamá Letty,
una y otra vez,
no funciona.
No.
No funciona.
En el borde de la cama,
larva de mí,
he venido a verte dormir.
Yo no sabía
que la casa de la infancia,
sus cortinas,
sus ventanas alargadas y transparentes,
podían lastimar,
minuciosamente.

LA FÁBRICA

Trato de orientarme en el cuarto de máquinas,
pero no distingo mis brazos.
Pienso en mi madre,
en mi abuela,
en mi hija muerta,
en mi hermana
y en esta mancha familiar
que nos toca ocultar.
Hemos sido los mejores vientres
que el diablo pudo encontrar.
No se nos permite soñar.
A veces
miramos la novela en el televisor de la vecina;
esos días
no siempre son mejores,
aunque no exista el enojo de la madre
ni el delantal de la abuela,
no siempre son mejores.
Hubo un día bueno, una vez.
¿Dónde lo tiré?

CARGAR LA CASA

La verdad es que,
de madrugada,
ando por la casa
a oscuras,
buscando una taza limpia
que nunca encuentro.
La verdad es que,
al final del pasillo,
el silencio habla:
todos cerraron sus puertas,
apagaron sus luces,
dejaron en mi cuerpo
el mandato de cargarlo todo.

SI MI CUERPO NO ESTUVIERA

Si pudiera mirarme desde afuera: ese pelo, ese vestido con el
que me siento hermosa, esa joroba, esa bola terrible subiendo
por mi espalda, esa belleza que no es real —como la siento,
como la imagino—, esas orejas deformes, esa mala postura
que no alcanza el espejo.
Ahí estoy: sentada, petisa,
apretada en el vestido,
pájaro sin plumas.
Ahí fuera de mí,
la otra:
la que sabe quién soy,
la que me desprecia.

¿QUIÉN ES ESTA ALMA HERIDA
QUE ARRASTRA SU SOMBRA POR LA CASA?

Regresó de la guerra, pero nadie le esperaba.
La mesa sigue puesta.
Las sillas, vacías.
El reloj latiendo,
como si no recordara
la hora en que partió.

CANTOS DEL SUEÑO

En la copa, bajo su propia sombra,
en la hoja más alta y temblorosa,
sueña como sueña la rama con ser fruto
—a orillas de la muerte—
con su libertad.
Tierra adentro,
los resabios de mi infancia
se mecen en las copas de los árboles.
Quizá sea el último,
este momento en el que me inclino
y poso mis rodillas
mientras
finjo que resbalo.

LAS CASAS DONDE VIVIMOS

La tarde tiene una angustia
y fuma su tiempo.
La tarde no es blanda,
va desnuda,
mientras silba rebelde.
Su luz lleva mi noche hacia un nido;
su sombra ovilla tus cabellos
en la puerta de las tres casas donde vivimos,
en las manos de los héroes lejanos que fuimos,
cuando el violín,
en el jardín,
nos guiaba
entre los atolones antiguos de lo que fue nuestro destino.

EL CANTO DE AMELIA

Para Amelia, en verso y silencio

Debemos devolver la piedra lava en la puerta
                    [de las cinco llagas, Amelia,
como si pasara en silencio aquel que brotó de la tierra.
Se trata de saber
qué palabra hunde la ruta de nuestra voz,
de nuestros huesos, la pared
de la pena, la orilla,
sin mentiras,
repicando polvo,
siempre fría.
Para arrebatar el cielo
repetí un antiguo llanto.
Tal vez yo me resisto, Amelia,
a cabalgar el simple celo,
ese sauce gris que, deshojado,
en largo olvido,
va muriendo.
Amelia, pájara,
Amelia, árbola,
canta,
justo y corto,
para que el llanto aplauda,
y otra mano más liviana,
en girante reposo,
apunte,
sin temblar.

ALMUERZO FAMILIAR

No poner la mesa.
Terminarlo todo,
aunque no haya ganas.
Comer afuera.

Cazar un pájaro.
Coronarlo con una flor.
Devorarlo a cuatro codos sobre la hierba,
con las manos sucias
y el hambre intacta.

Levantarse
con todos los sabores del mundo
revolviendo la boca,
la lengua
salvaje.

Y
—resplandecer—
y que nadie,
nadie,
nadie lo impida.

DESOBEDIENCIA

Buscas a tientas
—en mi cama—
a alguien que no soy.
Mientras otra,
la última,
baila enorme en la llanura de sus amas.
Cuando me encuentres,
arremolinada entre las sábanas,
cada roce será un adiós.

SIN CAPERUZA

Cuenta la abuela
que en un claro del bosque,
la gloria se detuvo
en una casita
para hacer pan,
con agua de lluvia y harina de otro costal.
El lobo abandonó su nuevo oficio
y comió hasta reventar.
Next.

II. Lengua, cine y furia

*Toda mujer tiene un cuerpo, una voz
y una cámara oculta.*

IGNORANTA

Nadie me enseñó a ser yo misma.
Solo aprendí a no ser lo que esperaban.

No tengo idea.
No tengo ni puta idea
de cómo ser una buena mujer.
De vez en cuando, le pongo ganas:
hago énfasis
en los zapatos,
en los apetitos,
en los huecos.
¿Cómo saber?
¿Cómo hacer?
Creer que se es árbol,
un simple pedazo de árbol.

MUDANZA DE LOS POETAS

Para Gary y Benjamín

Dos poetas cargan un sillón,
sobre el sillón, una musa invisible,
sobre la musa, el mundo,
sobre el mundo, dos almas.
Sobre las almas,
dos poetas,
cargan el sillón.

EL SEXO DE LAS POPCORNS
(o mujer en el cine Parte I)

Menos mal que las mujeres de nuestra edad
no soñamos con el hombre de ideales pasajeros,
ni con el hombre de arengas inmutables
que duerme, inútil, en nuestra cama.
Menos mal que soñamos con el Clint Eastwood
                        [de los setentas,
con Harry el Sucio: luz, cámara y acción.
O con alguna que otra noche,
probando historias, cantando.
Menos mal que las películas,
si acaso las vemos,
son como la vida,
y no al revés.
Como el pecado original,
cometido a pulso,
y no al revés.

LA SODA SIN HIELO
(o mujer en el cine Parte II)

No hay una sola respuesta
cuando una se pregunta
qué quería decir Lynch
en *Mulholland Drive*.
No me convence eso de los sueños.
Por ejemplo, yo sueño que
estoy volando bajo,
rozando los acantilados,
y no me caigo.
Cualquier versión de esa película
es
un camino que se pierde,
es
la rueda dando vueltas,
es
Charles Foster Kane susurrando Rosebud.

TAKE ME, TAKE ME, TAKE ME, BRUNO GANZ
(o mujer en el cine, Parte III, Fin de la trilogía)

Mientras otros rezan, nosotras encendemos pantallas.

Bruno Ganz atraviesa la ventana
y se desliza en la habitación.
Su anillo queda en el bolsillo
mientras se sienta,
petrificado,
en la cama.
La cabeza hundida en la almohada,
gira ligeramente
y se entrega,
dócil,
a la voracidad de un vampiro.
Desde la ventana—
como reflejo—
un ángel observa la escena
desde la esquina de una cornisa.
Me mira
y despliega sus alas
al mínimo movimiento del aire.
Alzo la mano para alcanzarlo,
pero no lo logro.
Entonces abro la ventana,
y un murmullo —*take me, take me, take me, Bruno
Ganz...*—
rozando sus alas.

IN THE MOOD FOR LOVE

Al culpable Wong Kar-wai

Cuando mi mano escribe
y todo le sale mal,
imagino que vendrás:
que posarás tu mano en mi hombro,
que me darás un beso en la cabeza,
otro en la sien.
No soy una mujer ruidosa.
Me gusta la madera vieja,
los objetos que guardan historia,
el sonido limpio del cuchillo en la manzana.
Temo no reconocerte,
aunque un músculo secreto en mí
ensaya desde hace años
cómo sostener tu voz,
el peso de tu cuerpo.
Ensayo también el paso en falso
de quien no sabe bailar.
Porque estoy segura:
no sabemos bailar,
y aun así nos encanta.
Vengo haciendo espacio.
Barro la casa,
recojo los zapatos desperdigados en la sala.
Son cuatro pares que esperan
como testigos mudos.

Dejo la ventana abierta,
por si llegas con viento,
como una montaña que emerge,
saltando desde tu centro
te clavas en el mundo
para sosegar la semilla
con la lluvia que resbala lenta
por la baranda del balcón.
No me importa si vienes alegre,
roto,
o con la tristeza de un animal herido.
No me importa cómo vengas
con que vengas con palabras.
Sabré leerte
hasta los huesos.

MUJER CON CORONA DE LATA

Y la corona es de sombra.

De sobra te hiciste reina
con lo que quedaba,
brillas más que el oro
que no te ofrecieron.
Alzaste la vida
desde el hueso,
desde el hambre.
Sin lentejuelas.
Ni disculpas.

MUJER ECHADA SOBRE EL MUNDO

Antología
papel,
página.
El cuerpo
como
parábola.

CAROL MCCOY — FUGA EN CÁMARA LENTA

Tal vez—
si te vieras
radiante
futura
habitándote.
Si te escucharas
desandarías
el camino.
Lento.
Tal vez
hasta el miedo.
Y lo calzarías
desnuda
de frente.

EDICIÓN DE CORRESPONDENCIA

Yo estoy   ~~bastante bien~~   ~~mal~~   tranquila
Soy   ~~feliz~~   ~~un payaso~~   una princesa
Me porto   ~~bien~~   ~~mal~~   qué te importa
Trabajo   ~~mucho~~   ~~nada~~   un poco
Te mando   ~~un beso~~   ~~un abrazo~~   un saludo
Recuerdo   ~~tus manos~~   ~~tus mentiras~~   tu abandono
Quiero   ~~que desaparezcas~~   ~~que vuelvas~~   estar tranquila
Yo soy   ~~una luz~~   ~~una sombra~~   ~~yo no más~~   no firmaré

GUÍA PARA PERDERSE

Apagá las luces
cerrá la puerta
—mejor dicho—
dejá
que me tire
de bruces
en la cama.
Nada más.
No aparezcas
así
tan ráfaga
tan temblor
sin permiso
sin dudas
¿cómo hacés
si esa sombra
(no sé cuál)
no deja ver
dónde es
que vamos
a perdernos?

PERSONA

A Ingmar Bergman

Tengo miedo.
Siempre tengo miedo.
Ojalá me detuviera
—magnífica—
en la casa que habito,
en la línea
que aún no he escrito.
Ojalá la ventura develara
los nombres que nadie sostiene,
y que son nuestros enemigos.

LA VENTANA INDISCRETA

Hoy,
la ciudad está llena de fe.
Parece que no hay otro oficio
que salir a las calles
empuñando el derecho a elegir.
Mantené la espalda recta.
Sin moverte.
No mires al costado.
Dejá.
Tomá.
Callá.
Comé.
(¿lo sentís?)
Como si esta vez
algo cambiara.
Pero nadie.
Nada.
Nunca.
Cambia.

EN EL PRINCIPIO, MIS MANOS

Creé un hombre perfecto.
Bello.
Lo formé
con mis manos.
Para mí.
Y se fue con otra.

III. Invasión y fuga

No fui domesticada,
me rompieron las costillas.

RUTINA DE FUGA

"… y si me quedan piernas
gatearé hasta mi cuna."

Susana Thénon

Puso en orden la estantería.
Bañó al perro,
dio de comer al gato,
regó el ficus,
y se fue.
Buscaba un lugar
donde el tiempo no pudiera
tocar lo olvidado.
Se fue desnuda.
¿Y quién no lo está,
cuando se va?

MIENTRAS AFUERA LA CIUDAD

A Jeanne Hébuterne

Hace ya mucho tiempo que estoy muerta,
aunque nunca fui rígida
ni pálida
ni tuve ocasión de serlo.
Fui devota,
otra mortal en la historia.
Disparatada y contradictoria,
protesté,
profesé.
Indomable, sobreviví.
Y al renegar de la fe
en mí,
morí.
Mi infancia no fue tan distinta,
salvo que tuve un perro
que se interesaba por mí
de un modo muy especial.
No era el soldado
de esos sueños reincidentes,
¿o sí?
Jamás lo supe.
Jamás respondió.
Soñé por él
mientras él, callado,
dormía a mis pies.

LA CALESITA

"…y en la esquinita palpita
con su dolor de fango
la calesita…"

Cátulo Castillo

Estoy cansada.
Qué terrible, qué inútil es esperar.
¿A quién le importa cuánto dure mi deseo?
¿Quién recoge lo que voy dejando?
Cuando una gira demasiado,
sólo derrama de sí misma
el encuentro
y el adiós.

VAMOS LLEGANDO

> *Las mujeres que huyeron*
> *dejaron semillas en el viento.*

Vamos llegando.
El frío que llevamos de equipaje ya no duele.
Estamos vivas.
Hablamos la lengua de nuestras madres.
Vamos sin prisa
a un lugar en el que queremos descansar.
¿Qué tan lejos está?
Quizá no importa
si venimos dejando lo que duele,
lo que ansía,
lo que aprehende.
Si llegamos a reproducir,
poblar,
cundir,
aunque todos
se repartan
nuestra historia.

DESDE LA VENTANA NO TODO ES PAISAJE

Esta tarde he sentido el dolor del bosque,
he visto a los manglares inclinados,
llorando la disección del río.
Briosa, he llevado sobre mis ancas
a todas mis hermanas,
voy abriendo paso hacia mi tiempo,
sudando,
y volviendo,
alguna otra tarde cualquiera.

PANORAMA DE UNA CIUDAD EN RUINAS

> *"…estoy ardiendo de frío*
> *en la noche de Karlovy Vary…"*
> VÍCTOR CASAUS

Detengo los motores
con muchísima anticipación.
La inercia, si se es grande,
es tremenda.
¿Cuánto tiempo puede una
quedarse flotando
a unas millas del muelle,
sin soltar el ancla?
¿Horas?
¿Días?
¿Años?
¿Toda la vida?

Y SI TE DIJERA

Sabrás,
acaso,
que quiero
y no quiero.
Que no sé
qué hacer
con lo que arde
y no se consume.
La vida se va
como una cuerda
que se suelta
de pronto.
Dejé abierta la ventana.
Es la hora
en que el diablo
envía cuervos
a decirle al cielo
que aún hay deseo,
aunque no se toque,
aunque no se diga,
aunque nadie
lo quiera ya.

LA MEMORIA SE MANTIENE FIRME

Ni tú
ni yo
miraremos otra vez la tarde.
Fingiremos el orden de la ciudad,
imitando sus ritmos,
como quien repite una oración
sin fe.
Al borde del río,
un hombre sediento
alzará una tinaja
festejando
a su favor.
Frente a él,
una mujer hambrienta.
Sin deleite.
Sin amor.
Y yo,
yo pondré la mesa
por pura
compasión.

INVASIÓN DE LOS MUROS

Conozco los caminos de esta ciudad
como si estuvieran
dibujados
en mis manos.
He regresado
tantas veces,
desmesurada,
dormida,
o fingiendo no volver.
La ciudad
me ha ido
invadiendo
desde adentro.
¿He regresado?

ÚLTIMO DESEO

Atar el caballo
a la sombra fresca
de un árbol
que nunca
planté.

COSER SILENCIO

El abuelo se fue
con su sombrero.
Sólo eso.
No hubo discurso,
ni pañuelo,
ni hijos alineados
por orden de nostalgia.
Las mujeres —
las que supieron su nombre
y las que no —
lo vieron irse,
cosieron silencio
en la puerta.
Amó, tal vez.
Lo amaron, sin duda.
Pero nadie lo retuvo.
El sombrero,
único testigo,
a veces gira,
acomodándose
en el marco de las puertas.

EL PRINCIPIO

Lo que ha quedado de nosotros no lo sabe nadie.

No diré que un viejo contaba
los pasos hacia un grito.
No diré que aquel rostro profanaba
cada vez que le daba la gana
el río de Juan, de Ignacio y Martín.
No diré que infinita, la voz,
y recia,
abría el viento—
largo y elemental—
allá en Palca,
ordenando abrojos
en su frescura.
Por décadas, por siglos,
la agonía se mantuvo fiel,
calló al relámpago
para fundir
en un remolino
el grito de los ángeles muertos de la mañana.

Volver,
aunque nadie aguarde.
Ese, el poema.

BIOBIBLIOGRAFÍA

Verónica Delgadillo Vargas (Santa Cruz de la Sierra, Bolivia, 1977). Comunicadora Social de profesión, poeta por destino. Ha participado en publicaciones, antologías y festivales literarios en Bolivia, Argentina, Colombia, Costa Rica, El Salvador, Perú, Chile, Ecuador, México, Venezuela, Puerto Rico, España, India y Grecia.

Parte de su obra ha sido traducida al inglés y al griego. Colaboradora en Revistas y Suplementos literarios de circulación nacional e internacional. Libros publicados y Reconocimientos: Las tejas de Job (2013) Premio Nacional de Poesía Yolanda Bedregal; Ausencia del árbol (2018); 37 armónicos para una fuga (2020) Premio Municipal de Literatura Franz Tamayo-Categoría Poesía; 200 años de Poesía en Santa Cruz (2025). Colección del Bicentenario. En coautoría con Valeria Sandi y Oscar Gutiérrez para la Biblioteca Municipal Enrique Kempff Mercado.

Índice

I. Casa adentro

II.   Lengua, cine y furia

III.   Invasión y fuga